# NATAN FEINGOLD

# FINANÇAS INTELIGENTES

## DO CONSUMO CONSCIENTE À LIBERDADE ECONÓMICA

# FICHA TÉCNICA



Título: **Finanças Inteligentes: Do Consumo Consciente à Liberdade Económica**
Autor: **Natan Feingold**

Revisão: **Repensar Editores, Lda.**
Edição e diagramação: **Repensar Editores, Lda.**
Capa e projeto gráfico: **Repensar Editores, Lda.**

© re**pensar**

Tamanho **21,59 x 13,97 cm**
ISBN **978-989-53539-4-1**
Contacto **(+258) 870-141-150**
Email: **info.repensar@gmail.com**

# ÍNDICE

# 1    INTRODUÇÃO

A educação financeira surge como uma das habilidades mais importantes do século XXI, num cenário marcado pela abundância de crédito, pelo consumismo desenfreado e pela ausência de planificação. Esses factores, quando combinados, originam às inúmeras crises financeiras que afetam indivíduos e famílias inteiras. Nesse contexto, desenvolver uma relação saudável e estratégica com o dinheiro é uma necessidade urgente a fim de garantir estabilidade presente e sustentabilidade futura.

A compreensão e a aplicação prática de princípios de gestão financeira não se limitam ao ato de poupar ou investir; elas envolvem uma transformação de mentalidade e hábitos. Inspirar-se em práticas de sucesso, como os hábitos financeiros cultivados por comunidades judaicas ao longo da história, pode trazer *insights* valiosos. Essas tradições destacam valores como prudência, planificação a longo prazo e investimento em conhecimento.

Além disso, ensinamentos bíblicos sobre bem-estar oferecem uma perspectiva ética e responsável, ressaltando que os recursos devem ser administrados com sabedoria, visando o bem-estar individual e coletivo. Obras contemporâneas, como *Bolsa Blindada* de Patrícia Lages e *A Psicologia do Dinheiro* de Morgan Housel, complementam essa visão ao abordar as dimensões práticas e comportamentais da gestão financeira.

Ser financeiramente educado é mais do que evitar dívidas ou acumular riquezas; é um caminho para liberdade, equilíbrio e construção de um legado duradouro. Ao embarcar nessa jornada de aprendizado, é possível redefinir prioridades, alinhar objetivos e transformar o futuro financeiro num pilar de estabilidade e realização pessoal.

Basicamente, educação financeira refere-se ao processo de adquirir conhecimentos e habilidades para administrar os recursos de forma eficiente. Essa temática envolve conceitos como *poupança, orçamento, investimento* e *consumo consciente*. Inspirados pela sabedoria judaica, aprendemos que o dinheiro não é apenas um recurso material, mas uma ferramenta para cumprir propósitos maiores. Por exemplo, muitos judeus cultivam desde cedo o hábito de poupar e investir com sabedoria, baseado no valor de construir um legado sustentável.

A Bíblia também oferece lições atemporais sobre finanças. Versículos como Provérbios 21:20 – "Na casa do sábio há comida e azeite armazenados, mas o tolo devora tudo o que pode" – nos ensinam sobre a importância de guardar recursos para o futuro. A inteligência financeira está intimamente ligada a essa ideia de planificação e precaução, buscando equilíbrio entre os prazeres imediatos e as necessidades.

Ademais, a psicologia financeira nos ajuda a compreender o papel das emoções nas decisões econômicas, ressaltando que muitas vezes gastamos mais pelo desejo de satisfação emocional do que por necessidades reais. Entender como os factores emocionais influenciam nossas escolhas pode ser um divisor de águas na forma como administramos o dinheiro.

## 2.1 POUPANÇA E ORÇAMENTO

A *poupança* é um dos pilares básicos da educação financeira, pois oferece segurança e flexibilidade. Poupança é a ação voluntária de separar e guardar uma determinada percentagem do crédito ou rendimento que se recebe, para eventos e planos futuros.

Poupar regularmente, mesmo que em pequenas quantidades, garante que a pessoa tenha um fundo de emergência, o que é vital em situações inesperadas, como uma despesa médica ou uma reparação urgente. Além disso, ao acumular recursos ao longo do tempo, possibilita o alcance de metas de alto custo, como a compra de uma casa, realização de uma viagem ou uma aposentadoria mais tranquila.

Para maximizar o impacto da poupança, recomenda-se utilizar ferramentas como contas de poupança automáticas, que transferem um valor fixo periodicamente para uma conta separada, facilitando a consistência. Também, estratégias como a Regra dos 50-30-20 podem ser úteis. Nesta regra, 50% do rendimento são destinados às necessidades, 30% aos desejos e 20% para poupança e investimentos. Ora, as percentagens não precisam ser rígidas, como nessa regra. Conforme a realidade, elas podem ser ajustadas, desde que praticadas de forma consistente.

O *orçamento* é um documento individual o ou coletivo elaborado periodicamente para apontar o rendimento, a poupança e o consumo através da relação de despesas. Trata-se de uma ferramenta essencial para a gestão financeira eficiente, pois permite o controle sobre os rendimentos e despesas. Elaborar um orçamento eficaz começa com a visualização de todas as fontes de rendimento e a listagem detalhada dos gastos.

Muitos especialistas consideram ideal categorizar as despesas em *fixas* (ex.: aluguel, propinas) e *variáveis* (ex.: lazer, compras). Assim torna-se mais fácil de identificar áreas de desperdício. Algumas ferramentas digitais auxiliam nesse processo. Por exemplo, pode usar uma planilha de gestão financeira personalizada no Excel ou Google Sheets, sendo este último facilmente instalável pela PlayStore.

Bem gerido, o orçamento promove equilíbrio entre consumo e poupança, mas também habilita a pessoa a atingir seus objetivos financeiros com maior segurança e tranquilidade. Daí que, a revisão periódica do orçamento é essencial para que reflita as mudanças na realidade financeira, como aumento de rendimento ou despesas. Além disso, priorizar a alocação de recursos em objetivos futuros, como investimentos ou fundos de emergência, reforça a disciplina financeira.

## 2.2 INVESTIMENTO

*Investir* é outro componente essencial da educação financeira. Diferentemente da poupança, que tem foco na manutenção de recursos, o investimento busca multiplicá-los ao longo do tempo. Seja através de ações, títulos públicos, fundos imobiliários ou outras modalidades, investir é uma maneira de colocar o dinheiro para trabalhar a nosso favor.

Contudo, investir exige conhecimento e planificação. É fundamental entender os riscos envolvidos e alinhar as escolhas de investimento aos objetivos pessoais e ao perfil de risco de cada um. Para tanto, educação financeira é indispensável, pois ajuda a evitar erros comuns, como a exposição a riscos excessivos ou a tomada de decisões precipitadas baseadas em emoções.

Investir também é uma forma de combater a inflação, que reduz o poder de compra ao longo do tempo. Para isso, prevalece a ideia de diversificar os investimentos, escolhendo bens e negócios que possam oferecer rendimentos acima da inflação. Essa diversificação também ajuda a reduzir os riscos, já que equilibra os ganhos e perdas entre diferentes tipos de aplicações.

## 2.3 CONSUMO CONSCIENTE

Um ponto-chave para a racionalização é entender o custo-benefício de cada compra. Perguntar-se: "Preciso realmente disso?" ou "Este produto ou serviço agrega valor real à minha vida?" pode nos ajudar a evitar gastos impulsivos e desnecessários. Além disso, ao optar por produtos de maior qualidade e durabilidade, mesmo que inicialmente sejam mais caros, podemos poupar a longo prazo, já que esses produtos tendem a durar mais e requer menos manutenção.

Outro aspecto importante é a polidez financeira. Ao entender como funciona o dinheiro e como gerir melhor os recursos, podemos fazer escolhas mais informadas e conscientes. Isso inclui criar e seguir um orçamento, economizar para objetivos futuros e, sobretudo, evitar dívidas desnecessárias. A alfabetização financeira empodera os indivíduos a fazerem melhores escolhas de consumo que favoreçam tanto suas finanças pessoais quanto o meio ambiente.

O consumo consciente nos ajuda a desenvolver uma relação mais saudável com o dinheiro e os bens materiais. Ao focar no que realmente é importante e necessário, evitamos o estresse financeiro causado por dívidas e gastos excessivos. Isso pode aumentar nossa qualidade de vida, proporcionando uma sensação de satisfação e bem-estar.

Além disso, a prática da *economia circular*[1] também se destaca. Ao invés de simplesmente descartar itens,

---

[1]*Economia circular* é um modelo sustentável que prioriza a reutilização, reparação, renovação e reciclagem de

podemos pensar em formas de reutilizar, reciclar, ou recondicionar produtos. Por exemplo, roupas e móveis usados podem ser doados ou vendidos, reduzindo a necessidade de produção de novos itens e, consequentemente, diminuindo a pressão sobre os recursos naturais.

Finalmente, ao adotar uma mentalidade de consumo consciente, contribuímos para a construção de uma sociedade mais justa e sustentável. Cada escolha de compra pode ser um voto por um mundo melhor, onde as empresas são incentivadas a adotar práticas éticas e sustentáveis, e onde os recursos naturais são utilizados de forma responsável.

Aqui, o consumo consciente não é visto apenas como uma tendência, mas um movimento necessário para garantir que possamos viver bem hoje, sem comprometer a capacidade das futuras gerações de fazerem o mesmo.

## 2.4 SABEDORIA JUDAICA E FINANÇAS

A cultura judaica é rica em princípios que orientam a gestão financeira. Entre esses princípios, destaca-se o hábito de separar parte do rendimento para doações. Essa prática reflete a ideia de que o dinheiro é um bem pessoal, mas igualmente ferramenta para ajudar o próximo e construir uma sociedade mais justa. Isso inclui a ideia de que riquezas sejam usadas de forma a beneficiar a família e a comunidade. Outro conceito central é a planificação financeira de longo prazo. Na

---

produtos e materiais, prolongando seu ciclo de vida e minimizando resíduos, ao transformar o fim de um produto em novos recursos para a economia, promovendo eficiência e redução do desperdício.

tradição judaica, é comum pensar em gerações futuras ao tomar decisões financeiras.

A educação financeira também é incentivada desde cedo, com o objetivo de ensinar crianças e jovens sobre a importância de poupar e investir. Esse aprendizado inicial cria bases sólidas para que, na vida adulta, as decisões financeiras sejam tomadas de forma mais consciente e informada.

## 2.5 LIÇÕES BÍBLICAS SOBRE FINANÇAS

A Bíblia está repleta de ensinamentos que podem ser aplicados à educação financeira. Além de Provérbios 21:20, há outros versículos que enfatizam a importância do trabalho diligente, da honestidade e planificação. Por exemplo, em Lucas 14:28, Jesus ensina: "Qual de vós, pretendendo construir uma torre, não se assenta primeiro para calcular a despesa e verificar se tem os meios para a concluir?".

Esse versículo destaca a planificação financeira como passo importante antes de assumir compromissos. Planificar evita dívidas desnecessárias e garante que os recursos sejam aplicados de forma eficiente.

No relato de Gênesis (41:34-35), José, filho de Israel, interpretou o sonho do Faraó, prevendo sete anos de fartura seguidos por sete anos de fome no Egito. Ele sugeriu uma estratégia de poupança para lidar com essa crise futura. José recomendou ao Faraó que designasse administradores para recolher um quinto[2] da produção agrícola durante os anos de abundância. Esse excedente seria armazenado em celeiros e usado como reserva para

---

[2] Equivalente a aproximadamente 20% da colheita

os anos de escassez, garantindo a sobrevivência da população.

A narrativa exemplifica a sabedoria e a visão administrativa de José, que foi imediatamente reconhecida pelo Faraó, levando-o a ser nomeado governador do Egito. A estratégia de poupança não só salvou o Egito da fome, mas também permitiu que o país se tornasse o centro de abastecimento para outras nações afetadas pela crise. Vemos nesta narrativa a importância da planificação, prudência e gestão responsável dos recursos em tempos de prosperidade, preparando-se para adversidades futuras.

## 2.6 ENTENDENDO AS EMOÇÕES

A psicologia financeira é um campo que estuda como as emoções influenciam nossas decisões econômicas. Muitas vezes, nossas escolhas financeiras são guiadas por factores emocionais, como medo, ansiedade ou euforia, em vez de considerações racionais. Por exemplo, durante uma crise econômica, é comum que as pessoas tomem decisões impulsivas, como vender investimentos num momento de baixa. Já em períodos de euforia, há tendência a gastar excessivamente ou investir em negócios de risco elevado. Reconhecer esses padrões emocionais é essencial para o autocontrolo e tomada de decisões financeiras mais conscientes e equilibradas.

A psicologia financeira também discute o impacto das crenças e valores pessoais nas escolhas econômicas. Por exemplo, alguém que acredita que o dinheiro é uma fonte de corrupção pode ter dificuldades em fazer poupança, mesmo que isso seja necessário para garantir seu bem-estar. Nesse sentido, o autoconhecimento ajuda a superar crenças limitantes e adotar uma abordagem positiva em relação ao dinheiro.

Mais do que um conjunto de habilidades técnicas, educação financeira combina conhecimento, planificação e valores. Inspirados por princípios universais, como os encontrados na sabedoria judaica e na Bíblia, podemos aprender a utilizar os recursos de forma eficiente e alinhada aos nossos propósitos. Adotando hábitos de poupança, orçamento, investimento e consumo consciente, construímos um futuro financeiro estável, uma sociedade mais justa e sustentável. Afinal, a verdadeira inteligência financeira não está meramente em acumular riquezas, mas em usá-las para gerar impacto positivo.

Ser financeiramente educado exigirá aprendizado constante e adaptação às mudanças. Seja através do estudo de princípios históricos, da busca por conhecimento moderno ou da reflexão sobre as próprias escolhas, sempre há algo novo a aprender. Quanto mais cedo iniciarmos essa jornada, maiores serão os benefícios, para nós mesmos e para as futuras gerações.

Embora os factores de sucesso sejam fundamentais, como veremos no próximo capítulo, é igualmente importante reconhecer alguns factores que na maioria das vezes atrapalham o progresso financeiro. Muitos desses factores estão profundamente enraizados em crenças e emoções, afetando negativamente as escolhas financeiras.

## 3.1 IDEIAS PRECONCEBIDAS

Um dos principais entraves à educação financeira está relacionado às ideias pré-concebidas e mitos que cercam o dinheiro. Expressões como "o dinheiro é a raiz de todos os males" ou "quem economiza é avarento" propagam uma visão negativa sobre a gestão financeira. Essas crenças não só limitam a capacidade de enxergar o dinheiro como uma ferramenta para alcançar objetivos, mas também alimentam sentimentos negativos ao buscar estabilidade financeira.

Desconstruir essas ideias requer uma abordagem educativa baseada em fatos. É essencial entender que o dinheiro, em si, é neutro; sua utilidade está diretamente ligada à forma como é administrado. Ao adotar uma mentalidade mais positiva e funcional, é possível promover uma relação saudável e produtiva com as finanças pessoais.

### 3.1.1 Mudança de Mentalidade

Chris Gardner, cuja vida foi retratada no filme À Procura da Felicidade, enfrentou a falta de casa própria e muitas outras dificuldades financeiras. Gardner poderia ter sucumbido à crença de que o dinheiro era inacessível e uma causa de sofrimento. No entanto, manteve uma mentalidade positiva, acreditando que com trabalho árduo e perseverança poderia mudar a sua condição. Hoje, seu testemunho inspira muitos a ver o dinheiro não como um mal necessário, mas como uma ferramenta para melhorar a vida e alcançar sonhos.

Dave Ramsey, autor e especialista em finanças, é também exemplo de como a educação financeira pode ajudar a superar preconceitos. Ramsey passou por uma falência pessoal e decidiu transformar sua vida e a de outros através da educação financeira. Ele ensina que o dinheiro é um recurso que, quando gerido corretamente, proporciona liberdade e segurança. Seu programa, Bola de Neve de Dívidas, ajuda milhões de pessoas a entender que economizar e gerir dinheiro não é avareza, mas sim um caminho para a independência financeira.

A utilidade do dinheiro depende da forma como é administrado. Adotar uma mentalidade positiva e funcional é crucial para promover uma relação saudável e produtiva com as finanças pessoais, daí a necessidade de se educar financeiramente.

## 3.2 CULTURA E LINGUAGEM

A cultura exerce influência significativa sobre as práticas financeiras. Nalgumas sociedades, há um forte apelo para gastar em função de *status* ou para evitar economizar por associações culturais que vinculam poupança à privação. Esses comportamentos muitas vezes são reforçados pela linguagem cotidiana. Por exemplo, a expressão "juntar dinheiro para dias maus" tende a associar a poupança a momentos de dificuldades, em vez de oportunidades futuras.

Superar essas barreiras culturais exige uma mudança de narrativa. Substituir termos e conceitos negativos por uma linguagem mais positiva e inspiradora ajuda a reformular a forma como as pessoas percebem a gestão financeira. Além disso, a conscientização sobre como as culturas influenciam os hábitos financeiros é fundamental para promover mudanças comportamentais sustentáveis.

### 3.2.1 A cultura japonesa do Omiyage

No Japão, a prática de comprar presentes chamados Omiyage para colegas de trabalho, amigos e familiares após uma viagem é comum e esperada. Essa prática também tem se observado um pouco por toda a parte. Embora seja uma tradição que fortalece os laços sociais, também pode levar a gastos significativos.

Muitas pessoas se sentem pressionadas a comprar presentes caros para manter a reputação e *status* social. Essa é uma ilustração de como a cultura pode excitar gastos excessivos. Para superar essa barreira, urge a necessidade de encontrar equilíbrio entre honrar uma prática cultural e gerir finanças pessoais de forma sustentável.

### 3.2.2 A conotação negativa da poupança

Poupar dinheiro é frequentemente relacionado a uma visão de escassez ou de preparação para adversidades. Expressões como "guardar para dias maus" são comuns e carregam uma carga emocional que associa a poupança a momentos de dificuldades ou privação. Essa ideia tende a influenciar negativamente a forma como as pessoas veem e praticam a gestão das finanças, anulando o real potencial da poupança.

Quando a poupança é encarada como um meio de criar oportunidades, ela deixa de ser símbolo de medo do futuro e se torna um ato de empoderamento. Por exemplo, economizar ajuda a viabilizar a realização de sonhos, como investir em educação, iniciar um negócio ou aproveitar uma oportunidade inesperada. Daí que surge a necessidade de reformular o discurso para algo positivo, como "poupar para construir o futuro", o que é essencial para transformar hábitos financeiros e promover uma mentalidade mais otimista.

Ora, uma abordagem mais otimista não significa ignorar os desafios financeiros que muitos enfrentam, mas sim enxergar a poupança como uma ferramenta para superar dificuldades e alcançar objetivos. Essa mudança de narrativa constituir-se-á um passo essencial para a criação de uma cultura financeira saudável e proativa.

### 3.2.3  A cultura de consumo

A cultura de consumo é um fenômeno amplamente difundido na sociedade contemporânea, caracterizada pela busca constante por bens materiais e pela associação do valor pessoal à capacidade de adquirir e ostentar. Nos Estados Unidos não é diferente. Essa dinâmica é amplificada pela publicidade, que explora desejos e inseguranças, e pelas redes sociais, que criam vitrines idealizadas de vidas perfeitas. A expressão "Keeping up with the Joneses", traduzido em "não ficar para atrás", exemplifica essa pressão, onde as pessoas buscam equiparar ou superar o nível de consumo dos seus pares, muitas vezes à custa da loucura financeira.

Esse comportamento gera um ciclo de insatisfação, já que o foco está em possuir mais, e não em apreciar o que se tem. Além disso, contribui para problemas como endividamento e impactos ambientais, devido ao consumismo desenfreado.

Para romper com essa mentalidade, é essencial adotar uma postura consciente, priorizando a sustentabilidade financeira, o consumo responsável e valores não materiais, tais como relacionamentos e experiências significativas. É igualmente fundamental se conscientizar sobre os efeitos das redes sociais, que frequentemente promovem comparações irreais. Dessa forma, poderá construir um estilo de vida equilibrado e alinhado com valores que ultrapassam a simples acumulação de bens.

### 3.2.4   A comunidade chinesa

Em contraste, muitas comunidades chinesas valorizam a economia e a moderação, influenciadas pela cultura e ensinamentos *confucionistas* [3] que destacam a importância da poupança e do investimento prudente. Expressões como "cortar um centavo em dois" refletem a valorização da planificação financeira e moderação. Essas práticas culturais promovem uma mentalidade de longo prazo e servem como modelo positivo para outras culturas que enfrentam desafios financeiros.

### 3.3   PRESSÃO SOCIAL E MARKETING

A pressão social está entre os maiores inimigos da educação financeira. Num mundo onde o consumo é frequentemente visto como um indicador de sucesso, muitas pessoas se sentem compelidas a gastar além de suas possibilidades para atender às expectativas do grupo. Essa dinâmica é agravada pela influência das redes sociais, que amplificam padrões irreais de vida e reforçam o ciclo de comparação social.

Juntamente, o marketing agressivo explora vulnerabilidades psicológicas, incentivando o consumo

---

[3] Do *Confucionismo*, filosofia de vida propagada por Confúcio, e que moldou valores, aprendizado e códigos sociais na China, influenciando também Coreia, Japão e Vietnam. Embora não seja uma religião organizada, impactou governo, sociedade, educação e família no Leste Asiático, inspirando tradições e interações humanas.

impulsivo. O mercado projeta promoções, mensagens subconscientes e táticas de escassez que imediatamente expelem resposta emocional, e levam a compras não orçamentadas e, muitas vezes, a dívidas.

Esses efeitos podem ser controlados por uma consciência crítica em relação à pressão social e ao marketing. Algumas estratégias incluem práticas tais como estabelecer limites claros para os gastos, cultivar a autoconfiança para resistir à pressão do grupo e, finalmente, aprender a diferenciar *desejos* de *necessidades* reais.

Eventos como o Black Friday evidenciam o impacto do marketing agressivo, que utiliza descontos e urgência para estimular compras impulsivas. Muitas vezes, esses gastos resultam em arrependimento e desequilíbrio financeiro, já que os consumidores adquirem itens desnecessários movidos pela sensação de oportunidade única. No final, essa dinâmica leva a insatisfação e ao consumo excessivo, sendo os mais jovens as maiores vítimas.

Práticas de consumo em grupo também refletem pressões sociais. A participação em compras coletivas, embora possa parecer econômica, frequentemente força indivíduos a gastos não orçamentados, motivados pela obrigação de pertencer ao grupo. Esse comportamento reforça como o consumo, nas suas diversas formas, é influenciado por factores sociais e psicológicos. Reconhecer esses padrões e buscar decisões financeiras mais conscientes é fundamental para evitar endividamento e cultivar uma relação saudável com o consumo.

## 3.4 O CASO DE MINIMALISMO

O movimento *minimalista*[4], promovido por figuras como Marie Kondo, incentiva as pessoas a viverem com menos e focarem no que realmente traz alegria e utilidade. Tomemos o exemplo de Sarah Adams, uma minimalista que decidiu reduzir seus pertences ao mínimo necessário. Ao adotar essa filosofia, Sarah foi capaz de economizar dinheiro e evitar compras por impulso. Ela relata que a prática de minimalismo a ajudou a resistir à pressão social de consumo e a concentrar-se nas suas reais necessidades.

A pressão social e o marketing agressivo são desafios significativos para a educação financeira. Daí a necessidade permanente de desenvolver consciência crítica, estabelecer limites claros para os gastos, cultivar autoconfiança e aprender a diferenciar *desejos* de *necessidades* são passos essenciais para mitigar esses efeitos.

## 3.5 FALTA DE EDUCAÇÃO FINANCEIRA

Não ser financeiramente educado é uma das principais causas de instabilidade econômica para indivíduos e famílias. Muitos não possuem o mínimo de conhecimento necessário para administrar seus recursos, o que leva a decisões equivocadas, como a ausência de um orçamento ou a falta de um fundo de emergência. Sem planificação, imprevistos como despesas médicas ou

---

[4] Do *minimalismo* financeiro, não muito diferente do *essencialismo*, é uma abordagem de gestão financeira focada em simplificar e otimizar os recursos, reduzir gastos supérfluos, eliminar dívidas, priorizar investimentos conscientes e alinhar despesas aos valores pessoais, para alcançar liberdade financeira, reduzir o estresse e concentrar-se no essencial para uma vida plena e equilibrada.

perda de emprego podem desencadear crises graves, enquanto metas de longo prazo, como adquirir uma casa ou investir em educação, tornam-se inalcançáveis.

A inclusão de educação financeira no quotidiano familiar é crucial para a continua autorreparação. Buscar aprender princípios de poupança, investimento e planificação financeiro desde cedo estabelece hábitos saudáveis e reduz a vulnerabilidade a dificuldades econômicas no futuro. Além disso, programas direcionados a adultos, especialmente em situações de baixo rendimento, ajudam a corrigir lacunas de conhecimento e a promover maior segurança financeira.

Exemplos reais mostram como a falta de educação financeira pode ter consequências significativas. A incapacidade de gerir dívidas ou criar reservas de emergência muitas vezes resultam em anos de dificuldades. No entanto, histórias de superação evidenciam que, com orientação e planificação, é possível reverter situações adversas, conquistar estabilidade e realizar sonhos.

Ao identificar e abordar os factores que comprometem o progresso financeiro, construímos um caminho sólido rumo à liberdade econômica. Também, superar crenças limitantes, compreender influências culturais, resistir à pressão social e investir em educação são passos essenciais nessa jornada. A educação financeira, portanto, é um fundamento para uma vida equilibrada e sustentável.

Se você almeja a estabilidade e independência económica saiba que a educação financeira é o caminho. Isso não significa forçosamente frequentar um ensino formal, e sim, esforçar-se a buscar conhecimento sobre o assunto e cultivar hábitos financeiros inteligentes. Pois, mais do que ganhar dinheiro, educação financeira trata-se de como geri-lo de maneira consciente e alinhada com objetivos.

O montante do rendimento é apenas parte do sucesso financeiro. Mas, o que determina o percurso sustentável e futuro tranquilo é a maneira como planifica e utiliza o dinheiro, considerando o orçamento como um dos pilares fundamentais. Como nos referimos previamente, o orçamento permite visualizar todas as entradas e saídas do dinheiro, mas também auxilia na identificação de despesas excessivas e no redireccionamento de recursos para o que realmente importa.

O conceito de *essencialismo* [5] , defendido por Greg McKeown, pode ser aplicado aqui, ajudando a priorizar aquilo que é essencial enquanto se eliminam compromissos e gastos supérfluos. Estabelecer categorias como *necessidades básicas, economias* e *lazer* facilita o controle financeiro e reforça o hábito de poupar regularmente.

---

[5] O conceito de *essencialismo*, como descrito por Greg McKeown, consiste em identificar e priorizar o que é verdadeiramente importante, eliminando distrações e excessos. Aplicado às finanças, isso significa direcionar recursos para objetivos claros e alinhados aos seus valores, evitando gastos supérfluos, simplificando processos e maximizando o impacto financeiro.

O sucesso financeiro realmente se apoia mais na gestão eficiente do que no montante de dinheiro ganho. Vamos enriquecer o assunto com alguns exemplos reais.

## 4.1 EXEMPLOS DE SUCESSO FINANCEIRO

### 4.1.1 Warren Buffett

Warren Buffett, um dos investidores mais bem-sucedidos do mundo, é excelente exemplo de como a gestão prudente das finanças pode levar ao sucesso. Mesmo sendo bilionário, Buffett é conhecido pela sua vida moderada. Ele ainda vive na mesma casa em Omaha, Nebraska, Estados Unidos, que comprou em 1958 por $31,500. Prefere dirigir seu próprio carro em vez de gastar em motoristas ou carros luxuosos. Buffett enfatiza a importância de investir sabiamente e evitar dívidas desnecessárias. Sua abordagem ao dinheiro ilustra o princípio do essencialismo – focar no essencial, sem se distrair com o supérfluo.

### 4.1.2 Michelle Singletary

Michelle Singletary, colunista de finanças pessoais do *The Washington Post*, frequentemente compartilha sua própria jornada de educação financeira. Criada pela avó, que era muito cuidadosa com o dinheiro, Michelle aprendeu desde cedo a importância de poupar e viver dentro de suas posses. Ela adotou a prática de "No Spend Month", isto é, Mês Sem Gastos, onde se compromete a não gastar dinheiro em itens não essenciais. Esse hábito não apenas ajuda a poupar, mas também a reavaliar e ajustar os hábitos de consumo, numa experiência que mostra que a disciplina e a consistência em pequenas práticas podem levar a significativa estabilidade ao longo do tempo.

### 4.1.3   Chris Reining

Chris Reining, um especialista em finanças e investidor, conseguiu alcançar a independência financeira e se aposentar aos 37 anos, vivendo dos seus investimentos. Ele implementou um plano rigoroso de orçamentação e investiu uma grande parte do seu rendimento em ações. Usando ferramentas de orçamento digital pôde analisar suas despesas, o que permitiu identificar áreas de desperdício e redirecionar recursos para investimentos de maior retorno.

Independentemente do tamanho do rendimento, a educação financeira, a disciplina na orçamentação e a aplicação de princípios de essencialismo são cruciais no sucesso financeiro. Mais uma vez, o segredo está na planificação, utilização e investimento do dinheiro.

Pequenos valores economizados de forma consistente podem gerar resultados expressivos ao longo do tempo, sobretudo quando aproveitados os *juros compostos*[6]. Como destacado no livro Pai Rico, Filho Pobre, construir um fundo de emergência é uma estratégia indispensável, permitindo que se tenha o equivalente a três a seis meses de despesas reservados para imprevistos. Além disso, investir em bens e negócios diversificados, como ações, fundos imobiliários e renda fixa, permite criar fontes de renda que podem sustentar projetos futuros e garantir uma aposentadoria tranquila.

---

[6] Os *juros compostos* surgem quando os juros acumulados são somados ao capital inicial, gerando novos rendimentos. Isso cria um efeito de "juros sobre juros", acelerando o crescimento do montante investido ao longo do tempo.

## 4.1.4  Família Johnson

A Família Johnson, composta por um casal e dois filhos, enfrentou dificuldades financeiras depois que o casal perdeu seus empregos. Então decidiram ajustar o orçamento, tornando mais rigoroso a fim de recuperar o controle das finanças. A primeira ação foi listar todas as suas despesas mensais e categorizá-las. No final descobriram que gastavam uma quantia significativa em subscrições de serviços que raramente usavam e em refeições fora de casa.

Ao cancelar as subscrições desnecessárias e cozinhar mais em casa, conseguiram economizar centenas de dólares por mês. Com o dinheiro poupado, começaram a construir um fundo de emergência e a pagar dívidas, provando como o orçamento e a definição de prioridades podem melhorar a saúde financeira.

## 4.1.5  Fundo de emergência

A importância de um fundo de emergência pode ser vista na história de Jane e John Smith. O casal, ambos professores, sempre seguiu a regra de ter seis meses de despesas guardados. Quando John precisou passar por uma cirurgia repentina e ficou sem trabalhar por alguns meses, o fundo de emergência cobriu todas as despesas médicas e de subsistência, evitando que eles caíssem em dívidas. No caso, o fundo de emergência proporcionou a família segurança financeira em tempos de crise.

## 4.2  PLANO DE POUPANÇA E CONSUMO

Ter um *plano de poupança e consumo* é um dos pilares da liberdade financeira. Quando sabemos exatamente para onde nosso dinheiro está indo, conseguimos evitar dívidas desnecessárias e construir um futuro mais seguro. A escritora e especialista em finanças Patrícia

Lages enfatiza a importância de uma planificação financeira consciente, afirmando: *"Dinheiro na mão sem propósito é dinheiro perdido."* Ou seja, sem um plano claro, o dinheiro simplesmente desaparece em pequenos gastos que poderiam ser evitados.

| CATEGORIA | ELEMENTOS | ORÇAMENTO | % |
|---|---|---|---|
| **Rendimento** | Salário + outros rendimentos | | 100% |
| **Despesas Fixas** | Aluguel | | |
| | Água, luz e gás | | |
| | Internet e telefone | | |
| | Subscrição de TV | | |
| | Transporte | | |
| | Saúde | | |
| **Despesas Variáveis** | Alimentação | | |
| | Lazer | | |
| | Compras pessoais | | |
| **Poupança** | Poupança mensal | | |
| | Emergência | | |
| *TOTAL* | | | *100%* |

*1: Exemplo de Plano de Consumo e Poupança*

Poupar e consumir de forma equilibrada permite que tenhamos controle sobre nossas escolhas e não sejamos reféns das circunstâncias. No seu livro *Lugar de mulher é onde ela quiser*, Patrícia Lages destaca que *"Ser financeiramente independente não significa ser rica, mas ter escolhas."* Essa liberdade de decisão vem da organização: ao reservar uma parte da renda para emergências e outros fins, garantimos que imprevistos não se tornem grandes problemas.

Além disso, um bom plano de poupança e consumo evita a culpa ao gastar. Quem se organiza financeiramente pode aproveitar o presente sem comprometer o futuro. Como Lages diz, *"O problema não é gastar, mas gastar sem pensar."* Portanto, ao equilibrar consumo e economia, conseguimos desfrutar da vida sem estresse financeiro, com segurança e tranquilidade.

Acima vemos um exemplo de *plano de consumo e poupança*, que poder ser desenvolvido no Excel ou Google Sheets para maior eficiência. Como usar? Em ORÇAMENTO, defina o valor que prevê aplicar por item, e em %, calcule a percentagem de cada categoria em relação ao rendimento. A soma das percentagens de todas as categorias será de 100% em TOTAL.

### 4.3 Literacia Financeira na Poupança

A literacia financeira é essencial para a boa gestão dos recursos financeiros, já permite que indivíduos tomem decisões informadas sobre rendimentos. Segundo Lusardi e Mitchell (2014), "o conhecimento financeiro influencia diretamente a capacidade de poupança e a planificação para o futuro." Para ilustrar, suponha que deseja comprar um bem no valor de 100.000 meticais dentro de dois anos. Para atingir essa meta, é necessário definir a quantia a poupar mensalmente, o número de prestações e o período. Se a poupança for realizada em prestações mensais iguais, o cálculo seria o seguinte:

Valor do bem: 100.000 meticais
Número de meses: 24
Valor mensal a poupar: 100.000 / 24 = 4.167 meticais

Se essa quantia for poupada regularmente, sem interrupções, a meta será atingida no prazo desejado. Além disso, caso haja a possibilidade de um rendimento sobre a poupança, por meio de uma conta de depósito a prazo, o valor necessário mensalmente poderá ser reduzido devido aos juros compostos.

De acordo com Bernheim, Garrett e Maki (2001), *"pessoas com maior literacia financeira apresentam melhores hábitos de poupança e maior segurança econômica."* Assim, adquirir conhecimento sobre finanças pessoais é fundamental para o alcance de objetivos e a construção de um futuro financeiro estável.

## 4.4 SABEDORIA DA SIMPLICIDADE

A sabedoria da simplicidade é um elemento que não deve ser negligenciado. Num mundo de constante exposição nas redes sociais, cultivar hábitos financeiros discretos pode proteger contra inveja e riscos desnecessários. A tradição judaica, por exemplo, valoriza a discrição e o silêncio sobre os ganhos, ressaltando que exibir riqueza ou comparar-se com outros leva a escolhas impulsivas e prejudiciais. Manter-se focado em metas pessoais, sem se deixar influenciar por pressões externas, promove uma relação mais saudável com o dinheiro e reduz a necessidade de validação social.

A discrição em questões financeiras, como exemplificado pela comunidade judaica em diversos bairros de Nova York, muitas famílias judias vivem uma vida modesta, apesar de algumas possuírem grandes riquezas. Elas evitam ostentação, promovendo uma cultura de simplicidade e humildade. Isso não só reduz riscos de inveja e roubo, mas também incentiva uma vida focada em valores e metas pessoais, em vez de comparações sociais.

## 4.5 Pressão social e rede social

Tomando como exemplo a vida de Emma Johnson, uma blogueira de finanças pessoais. Emma decidiu sair das redes sociais por um ano para evitar a pressão de se comparar com os outros. Durante esse tempo, ela focou nos objetivos financeiros pessoais e em educar sua audiência sobre a importância da saúde financeira. Ao evitar a exposição constante e as pressões sociais, Emma conseguiu economizar mais, investir melhor e construir uma relação mais saudável com o dinheiro.

Esses exemplos reais destacam como a prática de poupar, investir e adotar hábitos financeiros discretos contribuem bastante para o sucesso financeiro significativo e sustentável. Mostram que a disciplina, consistência e sabedoria na gestão financeira são mais importantes do que o montante da renda.

## 4.6 Disciplina e consistência

A disciplina e a consistência são fundamentais para alcançar qualquer objetivo, e isso não é diferente quando o assunto é gestão financeira. Como destacado por Charles Duhigg em O Poder do Hábito, pequenos ajustes realizados de maneira consistente geram mudanças significativas ao longo do tempo. No contexto financeiro, esses ajustes muitas vezes se traduzem em hábitos simples, mas poderosos, que ajudam a construir uma base sólida para a prosperidade.

Uma dessas práticas é o (1) *registo diário de despesas*. Esse hábito ajuda a identificar para onde o dinheiro vai, visualizar padrões de consumo e a eliminar gastos desnecessários. Além disso, (2) *adiar compras por impulso* é uma estratégia que evita decisões financeiras precipitadas e abre espaço para escolhas mais conscientes e alinhadas com objetivos de longo prazo.

Outra abordagem eficiente é a (3) *criação de sistemas automáticos para economizar*. Automatizar transferências para uma conta poupança ou investir regularmente num fundo de aplicação elimina a necessidade de tomar decisões repetitivas e minimiza a possibilidade de gastar o dinheiro destinado ao futuro. Esse método transforma o ato de economizar numa ação simples, consistente e quase imperceptível.

Por último, (4) *recompensar-se* também joga um papel importante no processo. Substituir o prazer imediato do consumo por recompensas significativas, como uma viagem ou a compra de algo planificado, reforça a motivação para manter o controle financeiro. A sensação de conquista ao atingir uma meta financeira gera um ciclo honrado de disciplina e consistência.

Por outro lado, é essencial compreender que a disciplina não significa rigidez absoluta. Permitir certa flexibilidade nos gastos e reconhecer os próprios progressos são atitudes que ajudam a evitar o esgotamento emocional. A consistência, por sua vez, não se resume à perfeição, mas sim à repetição de hábitos positivos ao longo do tempo, mesmo diante de adversidades.

Em resumo, disciplina e consistência são ingredientes necessários para uma gestão financeira eficaz. Eles permitem que pequenas ações se transformem em grandes resultados, trazendo segurança, liberdade e realização pessoal. A longo prazo, esses hábitos tanto ajudam a alcançar metas financeiras, como também promovem uma relação saudável e equilibrada com o dinheiro.

## 4.7 Gestão financeira na prática

### 4.7.1 Registar despesas diárias

A gestão financeira eficaz começa com um passo simples, mas poderoso: registar todas as despesas diárias. Como já o dissemos, essa prática permite uma visualização clara dos hábitos de consumo, ajudando a identificar onde o dinheiro está sendo gasto e possibilitando ajustes para atingir objetivos financeiros. A história de Jake Thompson ilustra como essa abordagem transforma a saúde financeira de alguém.

Jake, um jovem profissional, enfrentava dificuldades no final de cada mês. Apesar de seu salário estável, frequentemente acabava no vermelho, sem entender para onde o dinheiro ia. Decidido a mudar, Jake começou a usar um aplicativo de finanças para registar cada gasto, desde pequenas compras, como um café na padaria, até despesas maiores, como contas de serviços públicos e alimentação.

Ao acompanhar suas despesas diariamente, Jake percebeu padrões de consumo desnecessários. Por exemplo, descobriu que gastava uma quantia considerável em entregas de comida e assinaturas de serviços que quase não utilizava. Reconhecendo esses gastos supérfluos, ele decidiu eliminá-los ou substituí-los por alternativas mais econômicas. Jake passou a economizar regularmente. No final do primeiro ano, conseguiu juntar o suficiente para dar entrada no seu apartamento, um objetivo que antes parecia inatingível.

### 4.7.2 Adiar compras por impulso

Embora a gestão financeira eficiente seja essencial para a estabilidade e realização de sonhos de longo prazo, frequentemente é ameaçada pelas compras por impulso.

São as compras impulsivas que, muitas vezes, drenam recursos sem agregar valor real à vida. Adotar estratégias simples e práticas, como a Regra dos 30 dias, ajuda a corrigir esse comportamento.

Lena Brown, uma designer gráfica, sempre inclinada a efetuar compras por impulso, especialmente em lojas *online*, ela encontrou inspiração no livro O Poder do Hábito, de Charles Duhigg. Lena implementou a Regra dos 30 dias. Ao sentir vontade de comprar algo não essencial, anotava o item e aguardava 30 dias antes de decidir. Durante esse tempo, a empolgação inicial frequentemente desaparecia, levando a perceber que o item não era necessário como achava.

Essa prática simples teve um impacto significativo na sua vida financeira. Lena conseguiu evitar gastos desnecessários e economizou centenas de dólares. Em vez de desperdiçar esse dinheiro, decidiu investir no fundo de emergência. Num mundo onde o consumo imediato é amplamente incentivado, estratégias como a Regra dos 30 dias são ferramentas necessárias para alinhar ações financeiras com objetivos de longo prazo.

### 4.7.3 Sistemas automáticos para economizar

Muitas pessoas têm dificuldades para poupar de forma consistente. É aqui onde os sistemas automáticos jogam um papel importante, por eliminar o esforço manual. Um exemplo inspirador é o de Peter Johnson, engenheiro que implementou uma abordagem simples, porém eficaz. Tendo configurado transferências automáticas para diferentes objetivos financeiros, assim que seu salário era depositado, uma parcela fixa ia para uma conta predefinida. Essa estratégia priorizava a construção de seu patrimônio antes de atender a gastos secundários.

A automatização trouxe vários benefícios. Primeiro, eliminou o risco de gastar impulsivamente o que deveria ser poupado. Segundo, garantiu consistência, permitindo acumular recursos ao longo do tempo, mesmo sem acompanhar o mercado financeiro ou reavaliar mensalmente suas decisões. O sistema ajudou-o a aproveitar o poder dos juros compostos, acelerando o crescimento do seu portfólio.

Hoje, com ferramentas digitais, como aplicativos bancários, criar sistemas automáticos é mais fácil do que nunca. Os usuários podem configurar transferências recorrentes, que destinam valores residuais de compras para poupança. O segredo não está em altos rendimentos imediatos, mas na consistência e disciplina ao longo do tempo. Sistemas automáticos são fortes aliados para quem busca conquistar metas financeiras, seja montar uma reserva de emergência, comprar um imóvel ou antecipar a aposentadoria. O primeiro passo é definir objetivos claros e adotar a tecnologia como ferramenta para fazer de boas intenções resultados concretos.

### 4.7.4 Recompensar-se pela conquista

Um dos segredos para manter-se motivado no caminho da gestão financeira é estabelecer recompensas ao atingir metas financeiras. Essa estratégia promove disciplina, mas também torna o processo mais leve e satisfatório. Sarah Collins, uma enfermeira, aplicou a estratégia e tem o seu testemunho.

Sarah, determinada a quitar suas dívidas estudantis, elaborou um plano financeiro detalhado. Cada vez que alcançava uma meta, se permitia uma pequena recompensa, como um jantar especial ou uma viagem de fim de semana. Esse sistema a manteve motivada, e também evitou a sensação de privação. A sua abordagem cuidadosa ajudou a quitar todas as dívidas três anos antes do prazo previsto, provando o resultado significativo da combinação entre esforço e recompensa.

A prática de recompensar-se por conquistas financeiras é uma maneira de celebrar avanços e reforçar hábitos positivos. No entanto, as recompensas devem ser proporcionais e planificadas dentro do orçamento, para que não comprometam o progresso alcançado. Por isso, a estratégia precisa ser combinada com outras ações, como manter um controle rigoroso das finanças, adotar hábitos de poupança e educar-se financeiramente para tomar decisões mais conscientes.

## 4.8 Autoconfiança

A autoconfiança desempenha um papel fundamental no sucesso da educação financeira, especialmente num cenário de intensa pressão social, apelo ao consumismo e tomada de decisões guiada pela maioria. Indivíduos que confiam nas próprias capacidades tendem a resistir melhor às influências externas e a fazer escolhas financeiras mais conscientes e sustentáveis.

Segundo Bandura (1997), a autoeficácia, ou a crença na própria capacidade de alcançar determinados objetivos, é essencial para manter o controle sobre as decisões pessoais, incluindo as financeiras. Quando uma pessoa acredita na sua habilidade de gerir dinheiro, ela se sente mais motivada a aprender sobre finanças, estabelecer metas e tomar decisões racionais, em vez de ceder a impulsos consumistas ou seguir padrões estabelecidos pela sociedade sem reflexão crítica.

Ao desenvolver a teoria da comparação social, Festinger (1954) argumenta que os indivíduos frequentemente avaliam suas próprias escolhas e comportamentos em relação aos outros. No entanto, essa comparação pode ser prejudicial no contexto financeiro, levando ao desejo de manter um estilo de vida incompatível com a realidade econômica individual. Pessoas com alta autoconfiança financeira são menos suscetíveis a essas influências e têm maior capacidade de resistir ao consumismo desenfreado.

Nathaniel Branden (1994) destaca a importância da autoestima como um dos pilares do sucesso. Uma autoestima bem desenvolvida permite que o indivíduo confie no próprio julgamento e não precise da validação dos outros para tomar decisões financeiras seguras e alinhadas com os seus objetivos pessoais. Da mesma forma, Coopersmith (1967) sugere que a percepção positiva de si mesmo contribui para uma maior capacidade de tomar decisões independentes e assertivas.

Erikson (1968) enfatiza que a identidade pessoal se constrói ao longo da vida e influencia diretamente as escolhas que fazemos. No campo financeiro, isso significa que um indivíduo com uma identidade bem estabelecida tende a ser menos vulnerável às pressões sociais e mais propenso a agir de maneira coerente com seus valores e metas.

Portanto, fortalecer a autoconfiança é essencial para alcançar o sucesso na educação financeira. A construção de uma mentalidade financeira independente e crítica permite que o indivíduo resista ao consumismo exacerbado e tome decisões mais seguras, garantindo um futuro econômico mais estável e satisfatório. Além disso, a autoconfiança possibilita uma planificação financeira mais eficaz, favorecendo a construção de patrimônio e a conquista de uma vida financeira equilibrada.

Pessoas autoconfiantes demonstram maior resiliência diante de desafios econômicos e estão mais dispostas a aprender e aprimorar seus conhecimentos financeiros, resultando em escolhas mais estratégicas e sustentáveis. Dessa forma, investir no desenvolvimento da autoconfiança não é apenas um benefício individual, mas também uma forma de contribuir para uma sociedade mais consciente e financeiramente responsável.

A educação financeira é, sem dúvida, uma jornada contínua de aprendizado e prática. Ao longo dessa trajetória, a principal meta não é somente conquistar riqueza, mas viver com propósito e equilíbrio, utilizando os recursos de maneira inteligente, e deixar um legado positivo. Esse processo requer reflexão constante, e a incorporação de filosofias de vida como a sabedoria judaica, os ensinamentos bíblicos e os princípios da psicologia financeira são ferramentas poderosas para fortalecer uma mentalidade sólida e resiliente às adversidades da vida.

Cada decisão financeira que tomamos reflete nossos os valores mais profundos e as nossas prioridades. Por isso, é fundamental a compreensão clara das nossas necessidades e desejos, e cultivar hábitos baseados em planificação e disciplina. Evitar riscos desnecessários, buscar conhecimento contínuo e estar sempre atento aos detalhes do nosso comportamento financeiro contribuem para a construção de uma base sólida para o futuro.

O ditado "não é o quanto você ganha, mas o quanto você guarda e investe que determina seu futuro financeiro" ilustra perfeitamente a importância do autocontrole e da visão de longo prazo. A gestão financeira inteligente não se resume ao presente, mas se projeta para o futuro, criando um ciclo de prosperidade sustentável.

Portanto, ao adotar um estilo de vida financeiramente educado, adquirimos competências para atingir objetivos pessoais, como também contribuir para um mundo equilibrado e responsável. Que esta leitura lhe inspire a viver sabiamente, levando a responsabilidade financeira para todos os aspectos da vida.

# 6    REFERÊNCIAS BIBLIOGRÁFICAS

1. A Bíblia Sagrada. *Referências ao Livro de Génesis* 41:34-35, *Provérbios* 21:20, *Lucas* 14:28, e *Eclesiastes* 11:2.
2. Bandura, A. *Self-Efficacy*: The Exercise of Control. New York: W.H. Freeman, 1997.
3. Bernheim, B. Douglas; Garrett, Daniel M.; Maki, Dean M. *Education and saving*: The long-term effects of high school financial curriculum mandates. Journal of Public Economics, v. 80, n. 3, p. 435-465, 2001.
4. Branden, N. *The Six Pillars of Self-Esteem.* New York: Bantam, 1994.
5. Coopersmith, S. *The Antecedents of Self-Esteem.* San Francisco: Freeman, 1967.
6. Duhigg, C. (2012). *O Poder do Hábito*: Por Que Fazemos o Que Fazemos na Vida e nos Negócios. Rio de Janeiro: Objetiva.
7. Erikson, E. Identity: *Youth and Crisis*. New York: Norton, 1968.
8. Festinger, L. *A Theory of Social Comparison Processes*. Human Relations, v. 7, n. 2, p. 117-140, 1954.
9. Housel, M. (2020). *A Psicologia do Dinheiro*: Lições Eternas sobre Riqueza, Ganância e Felicidade. São Paulo: HarperCollins.
10. Kondo, M. (2014). *A Mágica da Arrumação*: A Arte Japonesa de Colocar Ordem na Sua Casa e na Sua Vida. Rio de Janeiro: Sextante.
11. Lages, Patricia. *Bolsa Blindada*: Dicas e Passos para Tornar sua Vida Financeira à Prova de Fracassos. Thomas Nelson Brasil, 2013.
12. Lages, Patricia. *Lugar de Mulher é Onde Ela Quiser*: Guia Prático Para Conquistar Independência Financeira e Profissional. Planeta, 2018.

13. Lusardi, Annamaria; Mitchell, Olivia S. *The economic importance of financial literacy*: Theory and evidence. Journal of Economic Literature, v. 52, n. 1, p. 5-44, 2014.

14. McKeown, G. (2014). *Essencialismo*: A Disciplinada Busca por Menos. São Paulo: Sextante.

15. Ramsey, D. (2003). *A Total Money Makeover*: A Proven Plan for Financial Fitness. Nashville: Thomas Nelson.